Weihnachtsgeflüster

Mira Löffler

Weihnachtsgeflüster

*Besinnliche Gespräche
mit Tieren*

Bibliografische Information der Deutschen Nationalbibliothek:
Die Deutsche Nationalbibliothek verzeichnet diese Publikation in der Deutschen
Nationalbibliografie; detaillierte bibliografische Daten sind im Internet
über http://dnb.d-nb.de abrufbar

Herstellung und Verlag: Books on Demand GmbH, Norderstedt

ISBN: 9783839164587

Für
Vindur, den Hüter meiner Seele, der das
Gefühl in mir reifen ließ, dieses Buch schreiben
zu können.

Für
alle, die von dem Zauber der Telepathie berührt
werden.

Und für
diejenigen, die Weihnachtsstimmung lieben.

Danksagung

Ich möchte an dieser Stelle den Menschen und den Tieren danken, die es mir ermöglicht haben dieses Buch zu schreiben.

Liebe Inge, lieber Fred, liebe Goda, lieber Roberto, liebe Christiane und liebe Angela, ich danke Euch für die Gespräche, die ich mit Euren wundervollen Tieren führen durfte. Ohne Euch wäre dieses Buch nicht mal halb so dick geworden!

Danke natürlich auch allen Tieren, die es mir gestattet haben, mit ihnen über solch menschliche Dinge wie Weihnachten zu sprechen. Ihr schafft es immer wieder, uns eine völlig andere Sichtweise aufzuzeigen, aus denen sich wunderbare Möglichkeiten ergeben.

Ich bin ebenso meinem Lebensfreund Daniel für seine zusprechenden Worte und Unterstützung dankbar. Du warst immer da, wenn ich kein Land mehr gesehen habe und hast mich mit Deiner erfrischenden Art wieder auf Kurs gebracht.

Dank gilt auch meiner Familie Michael, Lasse und Lene, die mich so oft entbehren mussten. Ihr habt das eine oder andere Mal eine genervte Mutter/Ehefrau an Eurer Seite geduldet und mir trotzdem die Zeit gegeben an diesem Buch zu arbeiten.

Nein, ich habe Dich nicht vergessen. Christiane. Du hast meine Idee Ernst genommen und sie zum erblühen gebracht. Vielen Dank auch für Deine Fachkompetenz und die ehrlichen Worte, auch wenn ich in dem ein oder anderen hartnäckig bei meiner Version geblieben bin.

Last but not least möchte ich allen danken, die sich, in welcher Weise auch immer, mit meinen Gedanken zu diesem Buch auseinander gesetzt haben, meine Ideen angehört und kommentiert haben.

All das hat dieses Buch geformt. Vielen lieben Dank dafür!

Inhalt

11

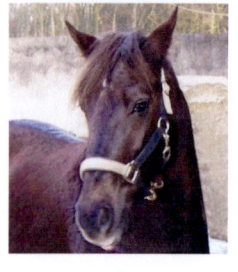

Pauline 58

Lisa 60

Pizza 62

Vorwort

Denke ich an Weihnachten, dann kann ich den Plätzchenduft, der aus der Backofentür kommt, förmlich riechen. Ich denke an die Geschenke, die ich noch nicht besorgt habe, und überlege stundenlang, wo ich wohl die eine ganz besondere Christbaumkugel letztes Jahr hingepackt habe. Nach der Hälfte der Adventszeit kann ich die Weihnachtsmusik im Kaufhaus nicht mehr ertragen und schon lange keine Marzipankugeln mehr. Ich denke aber auch an eine besondere Stimmung, die in der Luft liegt, eine Mischung aus Spannung und Vorfreude. Ich mag Weihnachten.

Das sind meine Gefühle zur Weihnachtszeit.

Wie kam es nun zu diesem Buch? Nun, ich habe mich gefragt, wie das wohl andere empfinden. Vor allen Dingen diejenigen, die das Ganze mit anderen Augen betrachten? Wie sehen unsere Tiere diese Zeit? Wie erleben sie uns? Bekommen sie etwas von dem Zauber mit oder sind sie einfach nur genervt?

Ich habe lange hin und her überlegt, ob man solche Gespräche aus ethischen Gesichtspunkten überhaupt führen darf. Befriedige ich damit nicht nur meine eigene Neugier? Hat es einen Nutzen für das Tier, solche Gespräche zu führen und sie auch noch öffentlich zu machen?

Vindur hat mir bei meiner Entscheidung geholfen. In vielen Gesprächen, die ich mit ihm führte, hat er mir immer wieder Mut gemacht, auf mein Innerstes zu hören und daran zu glauben, dass gut ist, was dort entsteht und wächst. Ich habe jeden Besitzer und auch jedes Tier zu seiner Meinung dazu befragt und niemand zog ein Nein überhaupt in Erwägung.

Ich denke, es kann auch für die Tiere von Vorteil sein, unseren Blick für Ihre Gefühle als „Spielball" an unserer Seite zu schärfen. Sie müssen mit unseren Entscheidungen, die ihr und unser Leben betreffen, leben und haben kaum Möglichkeit sich dem zu entziehen. Vielleicht lässt sich durch die geänderte Sichtweise ein so entstandenes Problem lösen oder Verständnis füreinander kommt auf.

Und wenn nur ein einziger Mensch angeregt durch dieses Buch die Welt mal kurz durch die Augen der Tiere betrachtet, dann hat es seinen Zweck erfüllt.

Es hat mir sehr viel Spaß gemacht diese Gespräche zu führen und mich an vielen Stellen tief berührt. Schön auch, dass ich so meine „Neugier" befriedigen konnte. Schlussendlich habe ich das Buch also doch für mich geschrieben.

„...Geh mit mir. Reiche mir Dein Herz, ich bewahre es für Dich, schütze den Kern. Das Leben ist die Liebe. Fühle sie und alles wird gut..."
(Blaevar, Islandwallach)

Weihnachten ist Freude. Alle guten Dinge geschehen Weihnachten. Da bin ich bei Euch aufgetaucht...

Fred hat mehr Zeit. Schön. Bin sehr zufrieden. Frohsinn in der Luft. Wirbelnde Gedanken. Oh, Unordnung. Das liebe ich.

Möchte gerne Möhren haben. Säckeweise. Weihnachten ist Bratäpfel. Duft von Zimt an der Kleidung. Das liebe ich auch. Etwas Zimt über die Möhren? Hm.

Möchte hier oben auch etwas weihnachtliches. Etwas Tannengrün. Und Buntes. Glitzern. Oh ja. Dann werde ich noch mal so richtig zum Jungspund. Springen. Hüpfen. Ja, mein Herz macht große Sprünge.

Liebe überall. Selbst die Rehe sind lustiger. Und viel freundlicher. Nicht mehr so scheu.

Ich liebe das Miteinander. Bin ein so freundlicher. So gerne dabei. Weihnachten ist Freunde haben.

Hringur

Islandwallach

13
Jahre

Juchuu Weihnachtszeit. Da lacht das Herz. Immer ist ein Grund zum Fröhlichsein. Und Feiern. Warum? Ist doch egal. Ich will einfach fröhlich sein und dazu bin ich da. Was wollen wir sonst?

Ich springe in die Weihnachtszeit. Baumele am Tannenbaum. Wie´ne Christbaumkugel. Ja, so ist mein Leben. Wackeln und fliegen.

Im Herzen bin ich immer frei und fröhlich. Im Wind bewegen und Weihnachten ist in der Luft.

Alles klar. Null Problemo.

Tanzen im Wind. Gefühle schaukeln lassen. Das ist der Zweck des Weihnachtstraumes.

Ich bin fröhlich und das macht alles sonnenklar.

Der Schnee fällt sanft auf mein Fell. Tanzen und Fliegen mit den Schneeflocken. Weihnachtsflocken im Haar.

Jipieee. Juchuu. Es ist Weihnachten!

Ebby

Welsh-Cob-Stute

18 Jahre

Weihnachten? Das ist heilig.

Luft ist gut. Wenn die Sterne klar sind, dann schaue ich in das Herz der Güte von dem Sinn. Das ist für mich die Zeit.

Auch viel Ruhe und bei Schnee die Stille. Mag es, wenn alles gedämpft ist. Keine kalten Füße, aber alles so ruhig.

Die Menschen werden in dieser Nacht so ruhig und verteilen gute Stimmung. Und Geschenke. Tolle Gedanken. So voll Wonne. Mag dann so gerne diese Gedanken im Himmel erblicken.

Blick in die Ferne. Alles im Lot sein lassen. Nichts weiter. Nur so treiben auf der Lust des Lebens. Tiefe und Weite. Ja, das ist alles.

Hm, der Duft des Windes. Am liebsten mit Schnee.

Ein Gedanke nur für mich. Den möchte ich aus dieser Weihnachtssuppe fangen. Größter Wunsch. Das ist Glückseligkeit. Träume leben. Ja, das will ich.

Und 'ne Möhre, einen Apfel und 'ne Haselnuss, an Weihnachten. Pures Glück dieser Duft!

Gnyr

Island-
wallach

10
Jahre

Oh welch schönes Geschenk.

Ja, die Weihnachtszeit.

Das ist Stress und Ärger. Immer nur so rumrennen. Keine klaren Gedanken. Ärger in der Herde, weil alles so hektisch ist. Manchmal alle fröhlich, lachen, springen, manchmal viel Ärger. Mag keine Schwankungen.

Es wird kälter. Mag das und die Freude mal wieder richtig zu toben ist auch schön.

Weihnachten? Im Schnee stapfen. Wann hat man das mal? Was bedeutet das für mich? Muss ich lange denken - Ich glaube nichts. Ist von Menschen für Menschen. Keine große Sache für uns.

Mehr Futter vielleicht? Tannenbäume sehen und riechen. Apfelduft und diese essen. Futter.

Möchte den Glanz sehen von den goldenen Backen der Engel. Habe von denen gehört. Sonst will sie ja keiner wahrhaben, unsere Engelchen.

Müde Füße vom vielen Stehen. Freude tanken. Wo sind sie? Kriege kaum mehr eine ab. Alles eingeschlafen.

Schade, dass Weihnachten ist. Da bin ich immer unwichtiger als sonst.

Grettir

Island-
wallach

17
Jahre

Weihnachten ist das Fest der Liebe.

Ich liebe ganz heftig. Daher ist das „meine" Zeit. Ich liebe diese Stimmung - Die Schwankungen.

Wie in der Liebe. Große Gefühle in großen Wallungen. Große Trauer. Große Freude. Gepaart mit vielen großen Hoffnungen. Verliebtheit. Dafür ist man nie zu alt.

Ich wünsche mir auch noch mit meinen alten Knochen geehrt zu werden. Ja, jemanden zu ehren ist die größte und höchste Form von Liebe. Ich liebe und ich ehre.

Ich bin groß in meinem kleinen Herz. Warum darauf verzichten? Trauer gehört zu Liebe wie die Freude auch. Wüsste ich wie schön es ist zu lieben, wenn ich nie erfahren habe, wie die Trauer des Verlassenen ist?

Ja, ich liebe! Weihnachten sind große Gefühle und das ist die Liebe.

Ehre geht noch weiter. Das Verstehen des anderen und vor allen Dingen das Akzeptieren des anderen und seiner Talente, wie klein sie auch sein mögen.

Ruhe im Inneren.

Das ist der Kern der Weihnachtszeit! Ich liebe!

Blaevar

Island-
wallach

5
Jahre

Schwermut - Tut nicht gut. Aber Weihnachten ist so gedankenschwer - sorgenvoll. Nicht immer nur lustig.

Ich bin ein lustiger. Frag mich nach Ostern. Da hoppeln die Hasen und alles singt und lacht. Freut sich auf das Grün. Da ist es grau, kalt, nass, hm. Ich mag den Sommer lieber.

Und sonst? Da gibt´s nix besonderes. Plätzchen?

Möchte´ne Mütze. Bin doch ein toller. Weihnachtsmann sein und Geschenke verstecken. Da hätt´ ich Spaß dran. Die würdet ihr nie finden.

Rot ist gut. Das ist was Warmes. Und viel Glühwein. Guter Geruch. Tannengrün mag ich. Ein Geschenk für mich? Mira ist eins. Gutes Gefühl die Nähe.

Schlittenfahren. Da hätte ich Spaß dran.

Güte. Die hat sie. Kerzen flackern im Wind. Vorsicht, sie sollen nicht ausgehen. Vorsorge treffen. Heu muss duften.

Ging ein Weihnachtsmann zum Frisör. Bitte einmal Haare kürzen und dann die Mütze drauf. Dann sieht man die kahlen Stellen nicht. Deswegen gibt´s die ja. War wohl ein schlechter Frisör.

Bin kein weihnachtlicher Typ. Glocken sollen rasseln. Das ist witzig. Sonst nix tolles dran.

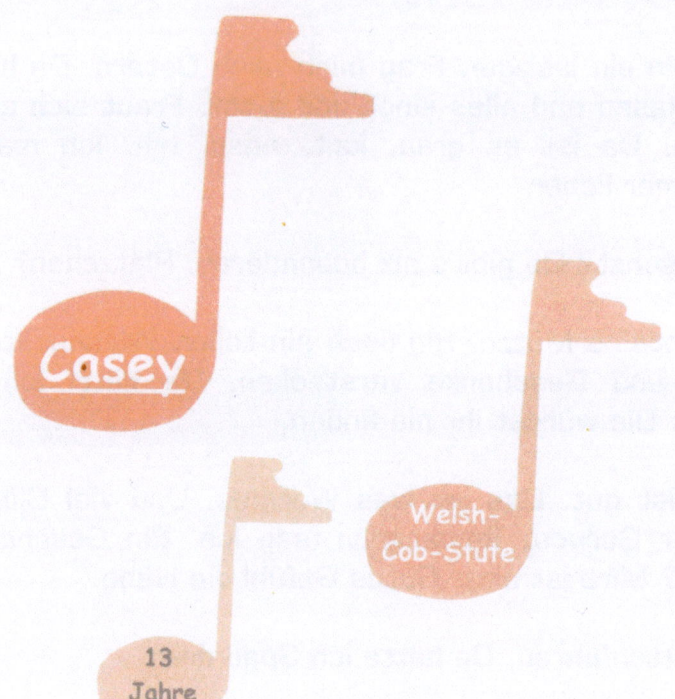

Casey

Welsh-
Cob-Stute

13
Jahre

Weihnachten sind Äpfel, Heu und Möhren - Ein Stall inmitten der bitteren Kälte. Ich mag es kuschelig. Im Stroh liegen.

Nicht draußen in der Kälte sein. Dann lieber in einer Halle arbeiten.

Ich mag es, wenn die Menschen summen. An Weihnachten haben sie einen so schwingenden und musikalischen Gang. Da schwingt mein Innerstes mit. Ich mag das.

Es ist schön, wenn Kerzen brennen. Auch die künstlichen sind ok. Das ist so wie ein Licht in der Dunkelheit anzünden. Ich mag es nicht ganz dunkel. Ich habe lieber einen hellen Schein in der Nähe.

Weihnachten an sich hat nicht viel Bedeutung. Es ist ja auch niemand am Abend hier. Aber die Stimmung kommt auch hier an. Alle sind freundlicher zueinander. Ich mag keinen Streit.

Ich bin glücklich, wenn die Zeit friedlich dahingeht.

Zartes Wesen in der Nacht. Besuche uns. Ja, wir brauchen das in dieser Zeit. Halte Deine Flügel über meine Herde.

Alle haben Ruhe im Herzen. Viele große Wünsche tragen unsere Gefühle durchs Leben.

Weihnachten ist so groß. Das gibt mir das große Gefühl von überquellendem Stolz auf meine Unterstellten. Mensch wie Tier.

Gebannt von dem Rühren der Dinge. Alles im Lot. Alles gut geplant. Decke des Vertrauens über unserer Wiese.

Bin glücklich. Hufe im Schnee - Klirrende Kälte. Gutes Gefühl. Wärme von Innen - Geschenke in der Nacht. Ich habe alles. Mehr als zufriedenes Gemüt - Volles Glück - Gutes Verstehen.

Bin so gut wie meine Herde auch. Lächeln zaubern auf andere Gesichter. Bin ein kleiner Zauberer. Ja, das gefällt.

Viel Freude von überall. Glück streuen und neu ernten. Ja, das ist meine Weihnacht.

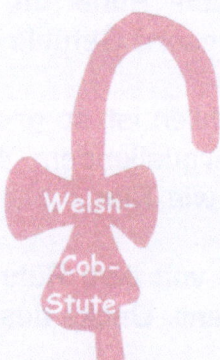

Weihnachten?

Hm. Da weiß ich gar nix von.

Wie soll ich was dazu sagen?

Was ist das?

Der Schnee?

Das Futter?

Der Geruch?

Das Beben im Herzen?

Oder alles zusammen?

Dann ist es ein weißes, lustiges, drängendes, quengelndes, nach Schnee und Zucker duftendes, aufregendes Gefühl, das die Sinne belebt und bis in die Hufspitzen reinkribbelt.

Ich könnte vor Freude in die Luft hüpfen. Das ist Lebensenergie pur. Ich brauche und genieße das.

Wenn es das ist, dann ist Weihnachten toll!

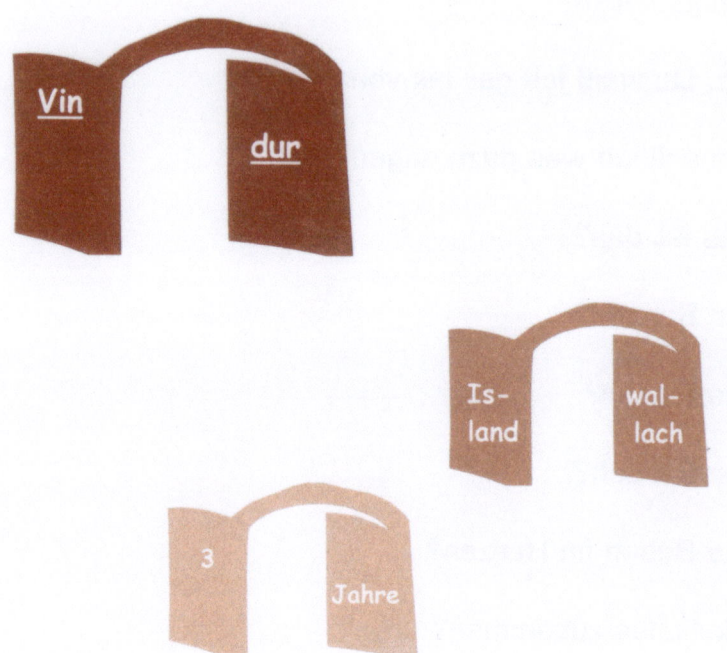

Es ist schön, wenn alles geschmückt ist.

Es ist schön, wenn sich die Herzen weiten.

Heute sind sie oft so verschlossen und verriegelt. Macht hoch die Tür die Tor macht weit. Das ist schon im übertragenen Sinn zu deuten.

Man muss in diesem Leben genau hinsehen, besser noch hinspüren. Fühl die Kraft dieser Zeit. Die gemeinsame Wärme. Ich bin nah dabei, wenn es so ist.

Ich mag es, wenn man mich sieht. Bewundert. Aber es schwingt dann auch immer was in unseren Herzen mit - An Weihnachten ist das noch mehr.

Der Duft von Tannen, gebratenen Äpfeln.

Es ist bunt in den Menschen drin.

Fröhlicheres Lachen.

Ich wünsche mir, dass immer Weihnachten ist!

La Luna

Rheinländer-Stute

15 Jahre

Weihnachten ist bunt und schön. Ich sehe viele Farben in den Köpfen - glitzern und strahlen.

Kleine Sternchen mit großer Wirkung. Ich fühle mich verzaubert und es ist schön mit diesem Gedanken zu sein.

Ich bin sehr gerne im Schnee. Und das gehört auch dazu.

Die Weihnachtszeit ist soviel mehr als grau und nass. Schließt man die Augen kann man den Schnee schon sehen und riechen.

Sie ist voller Zauber und schafft Dinge, die sonst nicht passieren. Es gibt Wunder - und Weihnachten geschehen sie leichter. Dann ist die Zeit bereit, weil es alle zulassen.

An Weihnachten ist das halt so.

Ich mag Äpfel und Nüsse riechen. Tannenduft und Tannengrün. Rote Schleifen - gelbe Bänder.

All das ist Weihnachten. Ach, wenn´s doch nur schon wieder soweit wäre...

Saelingur

Is-
land-
wallach

13
Jahre

Ich bin kräftig und schön.
Das hat die Welt noch nicht gesehen.
Ich bin ein großer und ein toller
und werde täglich etwas oller.

Das ist Weihnachten.

Reime. Reime. Reime. Alles ist voll von Gedichten im Kopf.

Die Füße stehen gar nicht dumm
im knusperfrischen Stroh herum.

Ich habe dann immer so was im Kopf. Auch um mich herum sind lauter Gedichte. Wehmütige, mit Gedanken an den Sommer und auch lustige, mit Gedanken an die Rutschpartien.

Ich möchte gerne ein Weihnachtspferd sein. Ich möchte Schlitten ziehen und Geschenke ausfahren. Ich weiß, dass ich kein Rentier bin. Aber ich bin froh ein so schönes Pferd zu sein - Und wie man schon bei Rudolph sieht: Es kommt nicht darauf an was man ist, sondern wie man es ist.

Ein Weihnachtspferd ist groß und schön.
Dann kann es fröhlich Schlitten ziehen.
Gedichte zieh´n an mir vorbei.
Ach, wenn doch nur schon Weihnacht sei.

„…ich bin frei, wenn ich tue was verboten ist.
Dann spüre ich das wahre Leben…"
(Lili, Islandhündin)

Tyra

Island hündin

6 Jahre

Weihnachten ist schön.

Es ist so dunkel draußen und drinnen ist es gemütlich und kuschelig.

Es gibt Gutes zu essen. Wir kriegen nicht immer was ab. Am liebsten mag ich Plätzchen, kleine schwarze runde, aber die darf ich eigentlich nicht.

Nur Herrchen ist da viel weicher. Er ist der Sofakönig und an Weihnachten tanzen die Lichter um ihn. Die Kerzen flackern in seiner Brille. Ein bisschen wie ein gemütlicher, alter Mann mit weißem Bart und dickem Bauch. Nur ist Herrchen von allem weniger.

Es ist toll, wenn die Vögel auf den Balkon kommen und das Futter holen. Sie zwitschern ein Lied von dem weißen Mantel da draußen.

Weihnachten ist immer groß.

Geschenke - Musik - Flöten und Glöckchenklang

Und immer super Essen!

Weihnachtszeit ist wie eine Süßigkeit - Hat man zuviel davon, wird einem schlecht, genießt man ein bisschen, ist es toll - Da ich niemals haushalte, finde ich Weihnachten zum Kotzen.

Überall Trubel, Hektik, Stress. Ich mag mein normales Leben. Ich möchte Aufregung, aber keine Hysterie.

Alle denken ich kann viel ab, aber das stimmt nicht. Ich bin ein Sensibelchen.

Ich habe auch zwei Flügel auf dem Rücken. Wie die Engel, die das Fest einläuten. Die sind toll, wenn auch manchmal arg laut mit dem Getöse, was sie machen.

Ich mag die Naschereien an Weihnachten und ich stibitze mir hier und dort mal was. Ich finde das ist ok. Wir sollen an so einem Fest auch nicht leben wie ein Hund und meine zarte Seele braucht das als Beruhigung.

Lili

Island-
hündin

5 Jahre

Weihnachtszeit.

Ist immer Stress.

Im Auto bleiben bei langen Einkäufen - Still sein bei Kling Klang Musik - Vorsichtig sein mit dem Baum und den Kindern. Ach, ich mag das Ganze nicht.

Immer Stress da.

Spazierengehen ist´ne Pflicht. Ich habe lieber die entspannte Zeit. Da ist mehr Platz für mich.

Ich mag das Essen schon. Es ist oft Obst da und auch manchmal anderes. Alle essen spannende Sachen, aber ich bekomme davon immer Magenprobleme. Ich mag am liebsten Dosenfutter. Ob nun zu Weihnachten oder nicht. Das macht keinen großen Unterschied.

Was ich am Weihnachtsabend mag: Dieses Papier. Es raschelt und ich mag das Knistern unter den Füßen. Das müsste man immer haben: einen Knisterteppich.

Das wünsche ich mir zu Weihnachten!

„…es ist nicht immer wichtig von den eigenen Aufgaben zu sprechen. Die Seele erkennt ganz viel davon von allein. Sie allein macht die Persönlichkeit…"
(Pauline, Hauskatze)

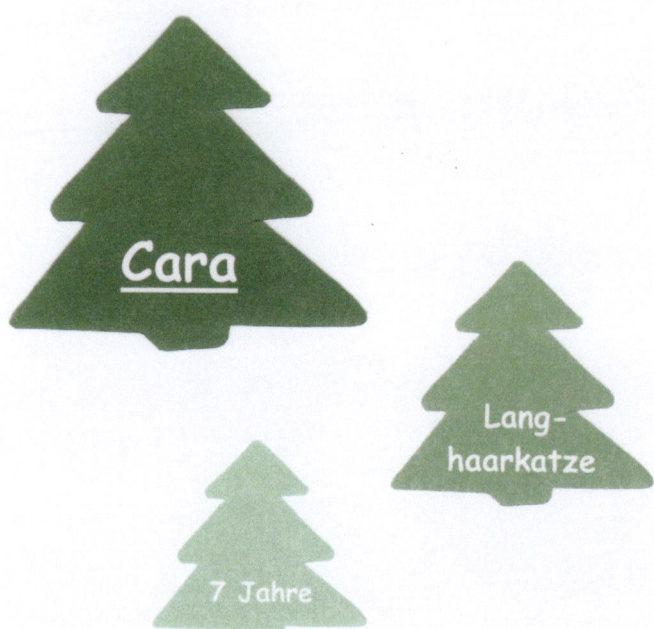

Cara

Lang-
haarkatze

7 Jahre

Weihnachtsbaum. Katzentraum.

Ja, so was ist das Schönste. Weihnachten mit mir. Nicht hier allein. Gemeinsam. Das Fest der Liebe. Alles im Einklang. Nicht verstoßen.

Geschenk für mich. Große Freude. Brauche das Spiel. Alles ist gut so. Auch mit den anderen. Leben lassen.

Gutes im Glück. Finden - Suchen. Wo sind die Geschenke? Juchuu - Gefunden. Das mag ich.

Kreisende Gedanken. Schiefes Singen.

Kerzen tun weh. Aber schöner Glanz im Raum. Atmosphäre. Tut so gut. Viele zusammen. Viel Liebe. Gutes Essen. Wärme. Alles ist gespannt.

Pauline besuchen. Fühle ihr Glück. Im Baum. Da ist auch der Anfang.

Weihnachtsbaum. Katzentraum.

Kugeln, die wackeln - Duft von den Figuren. Hm, das ist das wahre Vergnügen.

Weihnachtsbaum. Katzentraum.

Pauline

Hauskatze

14 Jahre

Reden im Sturm - Heizungswärme im Raum - Gesang.

Ja, wo ist der Baum? Schon da? Ungeduld im Herzen. Große Liebe für den Tannenduft. Bald soweit - Augen sehen es schon. Glanz - Überall im Baum. Ich liebe das Gewächs. Drunter sitzen.

Joghurt. Saftig und sauer.

Hm. Weihnachten. Vorher Stress. Keine Sorge. Alles wird wie immer klappen. Muss nur warten auf die Gedanken. Kommen wann sie wollen.

Fühle mich frei. Schweben über dem Baum - Glanz darum. Schauen von oben. Ich sehe alles.

Träge in den Knochen, aber das ist schon alles. Viel Geduld noch...

Möchte ein Plätzchen. Ja, da sind sie. Weihnachts-düfte. Haselnüsse rollen. Wärme und Wolle. Tolle Pakete. Spirituell denken. Große Rolle im Herzen.

Ich möchte den Baum. Fühlen. Riechen. Sehen. Lustiges Spiel. Glitzern im Auge. Weihnachten.

Lisa

Hauskatze

11 Jahre

Zorn. Immer die anderen. Ich will Weihnachten wie ich will. Die Königin der Nacht betritt den Raum.

Plätzchen für mich. Alles so arrangieren, wie ich will. Weihnachten nur für mich. Alles so doof. Machen was sie wollen.

Fühle mich vernachlässigt. Möchte mehr fressen was mir schmeckt.

Weihnachten noch mehr Rücksicht nehmen? Pft. Typisch, ich soll immer zurückstecken. Leckt mich doch alle mal.

Will mehr bestimmen. Mein Baum an meinem Platz. Null Kompromiss. Ich bestimme, klar? Will das nicht anders.

Christkind kann bleiben wo der Pfeffer wächst. Mäuse unterm Baum gab´s ja auch noch nie!

Pizza

Hauskatze

12 Jahre

Weihnachten?

Plätzchenduft - Zitronen - Orangen - Weihnachtspudding.

Tannenbaum - Wärme auf der Heizung - Rosen, die welk sind - Apfelstrudel - Nervöse Gespräche.

Kälte draußen - Wolliges Liegen - Wärme im Ofen - Viele Menschen - Kaum Mäuse.

Leckereien - Stress - Geschenke rascheln - Spielsachen im Baum.

Streit um die besten Plätze - Kerzenduft und Wärme - Behaglichkeit - Liebe Gedanken.

Faulheit - Essen - Träges dahinschleichen der Zeit.

Das ist Weihnachten!